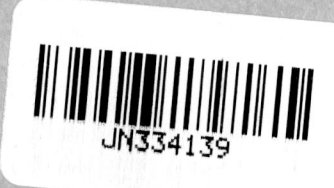

似ている英語

おかべたかし・文

やまでたかし・写真

東京書籍

本書は「little と small」や「grill と roast」など、日本で暮らしている私たちには、その違いがわかりづらい38組の「似ている英語」について解説した本です。

一組の「似ている英語」には4ページを充てて紹介しています。初めの2ページには、似ている両者の写真を掲載しています。そしてめくったところに「どこが違うのか」という解説と、それに関連した情報を掲載しました。

このように「似ている英語」の違いを写真に収め、一目でわかるようにしたのが、本書の特長です。

写真はすべて本書のための撮り下ろしです。アイデア出しや取材先の選定など、困難だった撮影も少なくありませんが、借り物の写真を使わず、敢えて自ら撮っている姿勢も楽しんでもらえたら嬉しく思います。

掲載した「似ている英語」は abc……と、頭文字によるアルファベット順に並んでいます。もちろん前から順に読む必要はありませんので、パラパラとめくって気になったところからご覧ください。

英語（英単語）の意味は、使用される地域や文脈、

状況、文化的背景によって変わります。そのため「似ている英語」の違いにも様々な解釈がありますが、そのすべてに言及していては本書の性格も変わってしまうので、そのなかからひとつに絞って紹介していることをお断りしておきます。

英単語の発音に関しては、本文の初出において一般的と思われるカタカナ表記を書いてあります。決して正確な発音を規定するものではありませんが、参考になればと記したものです。

文はおかべたかしが担当し、写真はやまでたかしが担当しています。

なお2014年8月にも我々2人で、似ている日本語の姿を写真に収めた『似ていることば』という本を出版しましたが、本書はその姉妹編ともいうべきものになっています。

本書をご覧になった方が「似ている英語」の違いをすっきりと理解するだけでなく、「ことばを撮影する」ということの面白さにも気づいていただけたら幸いです。

――― おかべたかし

似ているコラム

装丁＆本文デザイン／佐藤美幸（keekuu design labo）　カバー＆本文写真／やまでたかし

似ている英語

Part.1

a few / a little 〜 by / near

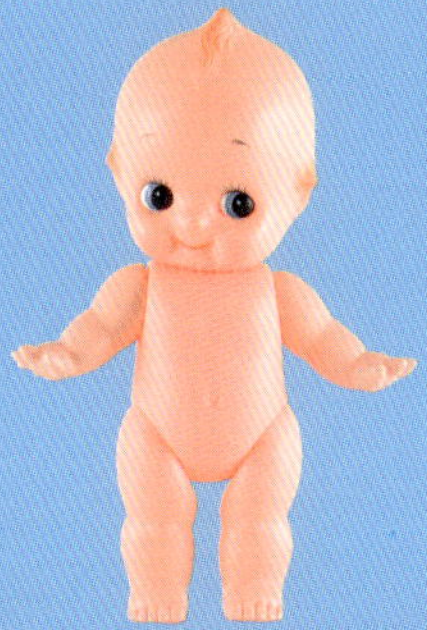

a few

a little

a few = 数が少し

量が少し = a little

「a few」(ア フュー)と「a little」(ア リトル)は、共に「少しの～」という意味だが、前者は数えられる名詞(可算名詞)に、後者は数えられない名詞(不可算名詞)に用いるという違いがある。共に「カレーの隠し味」であっても、板チョコのブロックにはa fewを、数えられない醤油にはa littleを用いるというわけだ。また「few」(フュー)も数が極めて少ないことを意味するが、a fewやa littleが「少しある」ことを意味するのに対して、fewやlittleは「ほとんどない」ことに重きがある。

英語で隠し味は「secret ingredients」

写真は、カレーの「隠し味」によく用いられるものたち。この「隠し味」ということばを、ずばり言い表す英単語はなく「secret ingredients」(シークレット イングリーディエンツ／秘密の材料)と表現したりする。なおアメリカでは、日本のように家庭料理としてカレーを食べる習慣はない。アメリカの各家庭で、チョコレートのような隠し味を用いる食べ物といえば、豆料理の「チリコンカーン」だそうです。

among

between

among ＝ 3つ以上の間

2つの間 ＝ between

前置詞の「among」（アマング）と「between」（ビトウィーン）は、共に「～の間」を意味するが、そこには使い分けるためのルールがある。それは2つの間の場合はbetweenを、3つ以上の間の場合はamongを使うというものだ。写真でいえば、白いコマが2つの黒いコマに挟まれている場合はbetween、白いコマが3つ以上のコマに囲まれているような場合にはamongというわけだ。amongは「学生の間に～」や「国民の間に～」などの「人々の間」を言い表す場合にも用いる。

チェスでは
「取った駒」が使えない

世界でもっともポピュラーなボードゲームといえば、やはり「チェス」だろう。このチェスと将棋の最大の違いとされるのが「取った駒が使えない」ところ。日本が敗戦したとき戦後統治を行なったGHQは、将棋に危険思想があるのではないかと考えて升田幸三という棋士を呼び「将棋では取った駒を使うが、これは捕虜虐待の思想の表れではないか？」と問いかけたという。すると「取った駒を殺したままのチェスこそ捕虜虐待。日本の将棋は、捕虜を殺さず、金なら金、飛車なら飛車と、元の官位のまま遇している」と説き、この話が将棋存続の一因となったそうです。

ape

monkey

ape ＝ 大きくて尻尾が短い猿

小さくて尻尾が長い猿 ＝ monkey

フランスの作家ピエール・ブールの小説で、後に映画化もされて大ヒットした『猿の惑星』という作品がある。もし《このタイトルの原題は何か？　次の空欄を埋めよ「PLANET OF THE（　　　）」》なんて問題があったら、少なくない人が「MONKEYS」と答えるだろうが正解は「APES」である。このように英語では、日本語の「猿」をその特徴によって「ape」（エイプ）と「monkey」（モンキー）に言い分けている。その基準は、例外はあるものの、前者は「大きくて尻尾が短い猿」で、後者は「小さくて尻尾が長い猿」。apeは類人猿ともいえ、写真のゴリラの他、オランウータンやチンパンジーが含まれる。

意外と知らない「ゴリラの生態」

「動物の首長たるもの」という意味の「霊長類」には、キツネザルやチンパンジー、ヒトなどおよそ200種類が属しているが、そのなかでもっとも大きいのがゴリラ。その外見から、凶暴なイメージを抱く人もいるが、発情期以外は、とても大人しく繊細な動物である。ある動物園では、ゴリラの檻に落下した子どもを、優しく抱きかかえて見守る姿も目撃されている。人間にとても近い生き物だが、それゆえの危険が、人間と同じ病に罹ること。このため動物園のゴリラは人間の子どもと同じワクチンが与えられているそうです。

PHILIP'S
ATLAS OF THE WORLD
RUSSIA
KAZAKHSTAN
UZBEKISTAN
NORWAY
SWEDEN
ICELAND
ATLANTIC OCEAN
UNITED KINGDOM
IRELAND
POLAND
GERMANY
FRANCE
ITALY
SPAIN
PORTUGAL
ALGERIA
MOROCCO
ATLAS MOUNTAINS

atlas

map

EUROPE
ASIA
RUSSIA
CHINA
INDIA
KAZAKHSTAN
MONGOLIA
FINLAND
POLAND
UKRAINE
TURKEY
IRAN
SAUDI ARABIA
YEMEN
OMAN
EGYPT
LIBYA
CHAD
SUDAN
ETHIOPIA
SOMALIA
KENYA
TANZANIA
MADAGASCAR
SEYCHELLES
MALDIVES
SRI LANKA
MYANMAR
THAILAND
CAMBODIA
VIETNAM
MALAYSIA
INDONESIA
PHILIPPINES
TAIWAN
JAPAN
INDIAN OCEAN
Arabian Sea
Bay of Bengal
South China Sea
Philippine Sea
East China Sea
Sea of Japan
Sea of Okhotsk
Kara Sea
Laptev Sea
Barents Sea
Mediterranean Sea
Black Sea
Red Sea
Gulf of Aden
NORTHERN MARIANA ISLANDS

atlas ＝ 地図帳

広げて使う地図 ＝ map

英語には「地図」を意味する単語が2つある。ひとつは地図帳を意味する「atlas」（アトラス）で、もうひとつは広げて使う地図を意味する「map」（マップ）だ。もともと「atlas」とは、ギリシア神話に描かれている天空を支える神を指すことば。この神がオランダの地理学者ゲラルドゥス・メルカトルとその息子ルモルドが作り上げた世界地図帳に描かれたことから、以後、地図帳が「atlas」と呼ばれるようになった。なお「map」の語源は、ラテン語の「mappa」（布地）だという。ちなみに、日本では「atlas」のほうがよく利用されるが、世界的には「map」のほうがよく使われるという。

世界の地図が揃う「マップハウス」

撮影にご協力いただいたのは、輸入地図の専門店「マップハウス」。1973年創業で、現在東京の小川町に店舗を構えるこちらのお店には、世界100カ国以上の地図や多種多様な地図帳が揃う。お客さんの中には「旅の余韻に浸りたいから」と、海外旅行から帰ってきた人も多いそうだ。世界中の飛行禁止区域もわかる「航空地形図」など、マニアックな地図もありますよ。

big

large

big ＝「わお！大きい！」と思うもの

他と比べて大きいもの ＝ large

「大きい」を意味する「big」（ビッグ）と「large」（ラージ）を使い分けるポイントは、bigは主観的でlargeは客観的と考えればいいだろうか。つまり写真のように、ドーンとある「わお！大きい！」と思うピザはbig。一方、小さなピザと並べてあって客観的に大きいとわかるピザはlargeというわけだ。なおlargeは、面積の広さを言い表すのに用いられ、この点がbigと異なっている。また、bigは大きさだけではなく、その質が良いことも言い表すことができる。

大きなピザが食べられる「ROCCO'S NEW YORK STYLE PIZZA」

取材にご協力いただいたのは、東京・王子にある「ROCCO'S NEW YORK STYLE PIZZA」。都内で唯一ニューヨークスタイルのピザを供するこちらの店の一番人気が、写真のクラシックニューヨークチーズピザ。「わお！大きい！」のLサイズ（18インチ（約46センチ））でも、ひたすらチーズのシンプルピザですが、これが癖になる味わいで実に美味しい！「ニューヨーカーにとってかけそばのようなものです（笑）」という故郷を思い起こさせる味わいなんだとか。また食べたい。

bird

fowl

bird = 鳥

家禽 = fowl

英語で「鳥」といえば「bird」(バード)という単語が真っ先に思い浮かぶが、家禽は「fowl」(ファウル)と呼ばれる。家禽とは肉や卵や羽毛を得るために飼育されている鳥のことで、アメリカではアヒルや、ガチョウ、ニワトリに七面鳥などが一般的。また、最近では脂肪分が少ない肉質が好まれてダチョウが飼育されるケースが世界的に増えているという。

七面鳥が間近で見られる
上野動物園の「なかよし広場」

日本ではまだまだ珍しい七面鳥とアヒルたちを撮ることができたのは、東京・上野動物園の「なかよし広場」。広場には、ヤギやウサギなどがおり、間近で見ることができます。上野動物園といえば「パンダ」の印象が強いですが、この広場の動物たちや、ゴリラ、「動かない鳥」として有名なハシビロコウの人気も高まっています。

broad

wide

broad = 面として広い

幅が広い = wide

「広い」を意味する「broad」（ブロード）と「wide」（ワイド）には、こんな違いがある。まずbroadは、広さの中でも面としての広がりを意味することば。写真のように、広大な海などはbroadである。一方、wideは、幅が広いことを意味することば。写真のように横幅が広い水槽などはwide。「ワイドテレビ」ということばがあるが、これもやはり幅の広さを意味しているのだ。なお「experience」（イクスピリエンス／経験）という名詞をwideで形容すると「幅広い経験」となり「He has wide experience.」で「彼は経験豊富だ」という意味になる。

葛西臨海水族園の穴場「淡水生物館」

撮影に協力いただいたのが、東京都江戸川区にある葛西臨海水族園。ここはエントランスホールにある塔や、その下の巨大水槽が有名ですが、別棟にある「淡水生物館」が渋くていいのです。wideの水槽はここのもので、ナマズなどの淡水魚をゆっくり観察することができます。立ち寄る人があまりいない穴場ですが、ぜひ覗いてみてください。

bunting

flag

bunting = 万国旗

一般的な旗 = flag

「旗」ということばには、あらゆる旗を指し示す「flag」(フラッグ)以外にも、実に多様な英単語がある。写真のような万国旗は「bunting」(バンティング)で、同じ国旗でも軍事的活動を示す軍旗や船旗は「colors」(カラー)と呼ばれる。ウェブサイトにある帯状の広告をバナー広告と呼ぶが、この「banner」(バナー)は、行列の先頭で掲げる横断幕のことだし、昔は土産物の定番だった「pennant」(ペナント)は細長い三角旗を指すことば。なおflagは、数えられる名詞なので2枚以上あればflagsだが、buntingは数えられない名詞なので複数形にはならない。またbuntingは「特別なときに飾る色とりどりの小旗群」を指すので、万国旗でなくとも用いられるケースがある。

世界の国旗が揃う
旗の専門店「TOSPA」

撮影にご協力いただいたのは、東京・日本橋に店舗を構える旗の専門店「TOSPA」。創業は昭和12年という老舗で、あらゆる旗をオーダーできる他、世界中の国旗が購入できる。国旗の需要は各国の大使館などはもちろんのこと、海外からのお客様をもてなす企業やホテルからも多数あるそうです。今回、ここで万国旗を購入して近くの公園で撮影したのですが、子どもたちが「運動会だー！」とたくさんやってきて大人気になりました(笑)。Sサイズ3480円(税別)でしたが、本格的でとても立派。みなさんもおひとつどうですか？

buttocks

hips

buttocks ＝ お尻

腰骨の盛り上がったところ ＝ hips

「お尻」を英語に訳すならば「hip」（ヒップ）と答えがちだが、これは腰骨の盛り上がったところを指すことば。では「お尻」は何かといえば「buttock」。ただ盛り上がった山が2つあるので、通常、複数形で「buttocks」（バタックス）という。ちなみに股関節は「hip joint」（ヒップジョイント）という。これなどは、正確なhipの位置がわかってこそ、腑に落ちる英単語だろう。

「head」（ヘッド）は「首から上」

日本語で「頭」といえば、どこを指すだろうか？　個人的には「頭を洗う」となれば、顔から上を洗うので髪の毛がある周辺だと認識しているが、辞書を見ると「首から上」とも書いてある。「head」も同様で基本的には首から上を指すことばなのだ。ちなみに撮影のモデルをしてくれたのは、オビツ製作所のキューピー人形ちゃん。要望通りのポーズをしてくれる、とてもいい子でした。

by

near

by ＝ すぐそば

そば ＝ near

「～のそばに」という意味を持つ前置詞の「by」（バイ）と「near」（ニア）は、どれくらい目的物に近いのかによって使い分ける。byは「すぐそば」というニュアンスで、nearは「すぐそば」とは言えない距離の「近さ」となる。byよりも近い距離を言い表す単語に「beside」（ビサイド）があり、三者の近さのレベルは「beside＞by＞near」となる。なお、『STAND BY ME』という映画があるが、これは「そばにいて欲しい」、あるいは「私を支えて欲しい」という意味である。

ダーツの的の中心は「雄牛の目」

ダーツの起源は500年以上前に遡り、イギリスの兵士が戦場の余暇として的に矢を投げ狙ったことに始まる。的には木を輪切りにしたものが用いられ、年輪の線や、木に入った放射線状の亀裂が、今のダーツボードの原型になったという。なおダーツの中心部は「bull's-eye」(ブルズアイ／雄牛の目)といい、これは台風の目も意味することば。ただ、なぜ雄牛の目が的の中心を意味するようになったのかはよくわからず仕舞いでした。ご存知の方、いらっしゃったら教えてください。

英語から学ぶ「日本の文化」

～「うさぎ」と「野うさぎ」は何が違う？ ～

「外国語を学ぶことは、自国の文化を学ぶことにつながる」

こんな話を、今までも聞いてはいたのですが、あまり実感したことがありませんでした。ただ今回、この本を書くうえで「なるほど、こういうことか」と思うことがいくつかあったので、ご紹介したいと思います。

子ども用の『英語図鑑』を見ていると、野原を駆けるうさぎのイラストに「hare」（ヘア）と書いてありました。「うさぎは『rabbit』（ラビット）」と思っていたので「ん？」と思い、辞書を調べてみるとhareは「野うさぎ」で、発音は髪を意味する「hair」と同じだと書いてあります。

では「うさぎと野うさぎはどう違う？」と思い、調べてみると「うさぎは穴に住み、人に慣れやすい」「野うさぎは人に慣れにくく、大型で足が長く尾が短い」とあります。そして「昔から日本にいるのは野うさぎだが、ペット用にうさぎが広く飼われるようになった」こともわかりました。つまり、日本人が認識する“うさぎ”というものが、時代の流れとともにhareからrabbitに変わっていたのです。

このようにhareという英単語をきっかけにして、日本人のうさぎに対する意識の変遷を知ることができました。

「雷ということばを正確に言い表す英単語はない」ということも今回初めて知りました。私は、雷を「thunder」(サンダー)だと思っていたのですが、これは「雷鳴」のことだったのです。つまり「ゴロゴロ」となっている音がthunderで、ピカッと光る稲妻は「lightning」(ライトニング)。つまり、英語では「雷」を音と光に分けて表現しているのです。これに対して「雷」は音も光も一語で表現している(なお、これに対応する「thunderbolt」(サンダーボルト)という単語もあります)。これは日本語だけを見ていればわかり得ない日本語の特性でした。

「似ていることば」の豊かさは、その文化や民族が何を大切にしてきたかの指標であることも、今回知ったことです。

英語には「牛」を表現する単語がたくさんあります。オスの牛は「bull」で、メス牛は「cow」で、去勢したオスの牛は「ox」で、子牛は「calf」。一方英語では、稲と米とご飯を「rice」の一語で表現します。このことから日本人が、米にはこだわってきたが、牛にはあまりこだわってこなかったということが、相対的にわかったのです。

見慣れた「うさぎ」といえば、このように穴を掘る習性をもつrabbit。ただ、これはペット用に広まったもので、日本では野うさぎのhareに親しんできた時代のほうが長い。昔話などでもhareが登場しているケースは多く、イソップ童話『うさぎとカメ』の英題も『The Hare and the Tortoise』である。

本書を作るうえで知った3つの事実をご紹介しました。このように「外国語を学ぶことは、自国の文化を学ぶことにつながる」のです。

この本では英語についていろいろ綴っていますが、お伝えしたいのは英語だけではなく、そこから見える日本語の特性だったりもするのです。

やり遂げて終われば「finish」

～まだある「似ている英語」①～

「似ている英語」は他にもたくさんあるので、違いがお気に入りのものをいくつか紹介します。

まず「終わり」を意味する「end」(エンド)と「finish」(フィニッシュ)。どちらもよく知られた単語ですが、この違いは「finishはやり遂げている」という点にあります。マラソンのゴールテープには「FINISH」と書かれていますが、あれはまさにやり遂げたことを意味しているんですね。

なんとなく「冒険」を意味しているであろう「adventure」(アドベンチャー)と「venture」(ベンチャー)にも違いがあります。それは「adventureは希望的観測がもてる冒険」で「ventureは命の危険を伴う冒険」ということ。つまりadventureよりもventureのほうが危険なのです。

「自由」を意味する「freedom」(フリーダム)と「liberty」(リバティ)も、今ひとつ違いがよくわからないでしょうが、ここにも明確な違いがあります。それは「libertyは抑圧や制限から解放される」ニュアンスがあるということ。独裁政権から解放された人々が手にするのは、freedomではなく

「disc」と「disk」は、どちらも「ディスク」と読み、同じものを指すように用いられることもある。ただ、技術の世界ではこの両者は明確に分類されており、discはオーディオCDやDVDディスクなどの光学式メディアを、diskはフロッピーディスクやコンピューターのハードドライブ内のディスクなどを指している。discの特徴は取り出しが可能なこと。一方diskの特徴は、意図的にロックされない限り常に再書き込みが可能なことにある。

libertyなのです。

違いを見分けるシンプルな法則をもつのが「会う」という意味の「meet」(ミート)と「see」(シー)。その法則とは「初めて会うときはmeetで、二度目以降はseeを用いる」というもの。たしかに「Nice to meet you.」というのは、初めての人に会うシーンで使いますよね。

週刊誌を賑わせるネタといえば、「gossip」(ゴシップ)と「scandal」(スキャンダル)ですが、ここにも微妙な差があります。前者は「たわいもない話や社交のための無駄話」で、後者は「不祥事や恥になる話」。つまりスクープされるならgossipのほうが断然ダメージが軽いということでしょうか。

最後に、意味が似ているというより「綴りが似ている」というネタをひとつ。

「naturalist」(ナチュラリスト)と「naturist」(ネイチュリスト)は、「al」があるかないかの差ですが、前者は「博物学者」を意味するのに対して、後者は「裸体主義者」を意味します。「I am ～」と自己紹介するときは、「al」の有無にご注意ください。

「アメリカらしい」ことわざを探す

「ことわざ」や「格言」というものは、国民性がにじみ出るもの。私的な感覚で「これ、アメリカらしいよね！」というものを探してみました。

まずはやはり「Time is money.」(時は金なり)。これはアメリカ建国の父といわれるベンジャミン・フランクリンが引用したもので、合理性を重んじるアメリカらしいことばではないでしょうか。

「弱肉強食」的なところも、アメリカらしいと思うのですが、そんな一面を言い表しているのが「Poor men's reasons are not heard.」(貧乏人の理由は聞いてもらえない)。

また「Gluttony kills more than the sword.」(剣で死ぬより大食で死ぬ者のほうが多い) というのも、「大食」を戒めるのに用いるスケールの大きさがアメリカらしいですよね。

もっともアメリカらしいと感じたのは「The squeaky wheel gets the grease.」(車輪はキーキーと音を出してオイルをさしてもらう)。「苦情をいわなければ問題解決しない」というこのことばをアメリカの子どもたちは幼少期から教えられるそうです。グローバル社会を生きる日本の子どもたちにも、教えたほうがいいのかもしれませんね。

似ている英語

Part.2

candy / lollipop ～ instrument / tool

candy

lollipop

candy ＝ 一口で食べる飴

棒付きの飴 ＝ lollipop

英語では「飴」を、その形状によって「candy」(キャンディ)と「lollipop」(ロリポップ)という2つの単語に使い分ける。そのポイントは「棒が付いているか否か」で、棒が付いたいわゆる「ペロペロキャンディ」は後者、それ以外には前者を用いる。また英語では、飴だけでなくチョコレートやラムネなどの砂糖菓子も「candy」と呼ばれる。なお「lollipop」は、飴に限らず棒が付いた形状のものも指す。カーレースにおいて、ドライバーの停止位置を示すために用いられる長い棒状のサインも「lollipop」で、これを持つ人は「lollipop man」。棒付きの交通標識も「lollipop」で、これを持って交通誘導を行なう女性は「lollipop woman」と呼ばれる。

アメリカンな雰囲気が楽しい！
「キャンディー・ア・ゴー・ゴー」

撮影にご協力いただいたのは「CANDY・A・GO・GO原宿竹下通り店」。店内に並んだ色とりどりのお菓子は量り売りされており、お値段は100gで440円＋税。気になったお菓子の瓶を開けて、これをスプーンで袋にすくい入れる作業がなんとも楽しいのです。店員さんの制服や、店内のデコレーションが底抜けにアメリカンで、いるだけで楽しくなるお店でした。

center

middle

center ＝ 円や球体の中心

平面や線の中心 ＝ middle

「中心」という意味の「center」（センター）と「middle」（ミドル）は、どういう状態の中心なのかに応じて使い分ける。centerは円や球体の中心を意味するとき、middleは平面や線の中心を意味するときに用いるのだ。写真のように円形になった回転する風車の中心はcenterで、３つ並んだ真ん中の風車の位置はmiddleといえるだろう。なお、サッカーなどで用いる「ミドルシュート」というのは和製英語で、海外では通じないという。

幅広い意味をもつ「センター」

centerは円や球体の中心を意味するが、それ以外にも幅広い意味をもつ。渋谷の「センター街」は、その名前の由来に定説はないというが、このことばがもつ「都市の中心部、繁華街」という意味からだろう。また独立行政法人「大学入試センター」が実施する「大学入試センター試験」のセンターは、centerがもつ「中心施設」という意味に由来しています。

chair

stool

chair = 背もたれのあるイス

背もたれのないイス = stool

「イス」ということばには、様々な英単語が存在する。「sofa」（ソファ）は、背もたれと肘掛けが付いたクッションのある二人以上が座れる長椅子。そして中型のsofaは「couch」（カウチ）で、小型のものは「settee」（セティー）と呼ぶ。また、公園などに置かれた長椅子は「bench」（ベンチ）で、イスの形状を問わず座るものの総称は「seat」（シート）だ。そしてカフェなどでよく見かけるのが、写真の「chair」（チェア）と「stool」（ストゥール）。前者は、背もたれのあるイスを、後者は背もたれのないイスを意味する。

個性豊かなイスに座れる「イリヤプラスカフェ@カスタム倉庫」

撮影にご協力いただいたのは、東京都台東区にある「イリヤプラスカフェ@カスタム倉庫」。店内にある様々な形のイスは、オーナーがアンティーク家具の店が集まるアメリカのポートランドで買い付けたもの。そんな味わい深いイスが、古い木造倉庫を改造したという店内とよく調和していて、とてもセンスのよい空間になっています。ぜひお気に入りの一脚を選んで、コーヒーや食事を楽しんでください。

clock

watch

clock ＝ 据え置いて使う時計

身につけて使う時計 ＝ watch

「時計」を意味する「clock」（クロック）と「watch」（ウォッチ）を使い分ける基準は、その使い方にある。掛け時計や置き時計のように据え置いて使う時計はclockで、腕時計や懐中時計のように身につけて使う時計はwatchと呼ぶ。なお懐中時計とはポケットに入れて携帯する時計で、19世紀末までwatchといえばこちらを指していた。腕時計がwatchの主流となったのは、第一次世界大戦（1914年～1918年）の頃。砲兵による「両手を使いながらでも時間を知りたい」といった要求に応える形で懐中時計が改良され、広まっていったという説がある。

おとぎ話空間
「かめがや時計店」

撮影にご協力いただいたのは、東京都港区三田にある「かめがや時計店」。現在の店主・亀ケ谷茂さんで三代目という都内でも屈指の歴史を誇るお店の中は、時計だけでなくアクセサリーやカエルの人形などが所せましと並んでおり、おとぎ話に登場しそうな幻想的な空間。私はジブリ映画『耳をすませば』に登場する店を思い出したのですが「たまに言われます(笑)」とのことでしたので、ファンの方ぜひ訪れてみてください。「何の店かわからない」と言ってもらえるのがいちばん嬉しいそうです。

cock

hen

cock = オスのニワトリ

メスのニワトリ = hen

日本語では、ニワトリのオス・メスを「雄鶏」（おんどり）「雌鶏」（めんどり）と「雄と雌」を付けることで区別しているが、英語にはそれぞれ「cock」（コック）と「hen」（ヘン）という独自の単語が存在する。グリム童話『ブレーメンの音楽隊』で、ロバたちと共に旅をして大声で泥棒を驚かせるのは、日本語訳では「ニワトリ」。これでは性差はわからないが、英語版ではcockと表記されており、オスだとわかる。なおアメリカでは雄鶏のことを「rooster」（ルースター）という。これはcockには男性器という意味もあるので、これを嫌ったためだという。

雄鶏と雌鶏は何が違う？

ニワトリのオス・メスを見分けるもっともわかりやすいポイントはトサカの大きさで、メスよりもオスのほうが大きい。またオスのほうは尾羽も長く、体も大きい。なお、卵を産むのはもちろんメスだけだ。写真の立派な雄鶏と雌鶏は、横浜市立野毛山動物園のカツラチャボです。

COW

OX

cow = メスの牛

去勢したオスの牛 = ox

牛を言い表す英単語は数多い。写真のメス牛は「cow」(カウ)と呼び、肉牛として飼育しやすいように去勢したオスの牛は「ox」(オックス)と呼ぶ。また、去勢していないオスの牛は「bull」(ブル)で、子牛は「calf」(カーフ)と表現する。なお、cowやbull、oxなどをまとめて呼ぶときは「cattle」(キャトル)を用いる。このcattleの語源は「財産」であるが、これはその昔、牛が財産であったことを示している。

ヘルシーで美味しい
前田牧場のホルスタイン

写真のcowは「那須りんどう湖LAKE VIEW」のもの。そしてoxは、栃木県大田原市にある「前田牧場」のもの。前田牧場では、およそ2500頭のホルスタインを肉牛として肥育しており、そのすべてが去勢したオスの牛。ホルスタインの肉質は、赤身が多くてヘルシーなのが特徴で、前田牧場直営のミートショップでも購入できます。写真は、撮影に協力してもらった牛の体重を量っているところ。牧場の方はパッと見るだけで、誤差5キロでその体重を当てておられました。プロの目はさすがです。

cut

slice

cut ＝ 切る

薄く切る ＝ slice

「切る」といえば「cut」（カット）という単語が思い浮かぶが、これは刃物で切るという意味のもっとも一般的なことば。右の写真のようにとくに「薄く切る」と言いたい場合は「slice」（スライス）を用いる。また「ぶつ切りにする」場合には「chop」（チョップ）、「さっと切り裂く」場合には「slash」（スラッシュ）という表現になる。なおsliceはゴルフやテニスにおいて、ボールを打った人の利き腕側に曲がることも意味するが、これは「sliceするときは切るようにスイングをしているから」という説がある。

関東と関西で違う
トーストの厚み

トーストで好まれる厚さが、関東と関西では異なることをご存知でしょうか。関東では８枚切り程度の薄さにsliceしてカリカリに焼いたトーストを好む人が多い。これに対して関西では、４枚切りほどに厚くcutしたものが好まれる。京都生まれの私は長年「薄いトーストは貧相！」と思っていたのですが、なぜか最近カリカリしたトーストが美味しくなってきました。うちの息子は撮影で使った厚切りトーストに飛びついていたので、年を重ねるにつれ、人は薄いものを好むようになる傾向があるのかもしれません。

flock

herd

flock = 羊などの群れ

牛などの群れ = herd

英語では「群れ」ということばも、その動物の種類によって単語が異なる。「flock」(フロック)は羊やヤギ、鳥の群れなどを指すことば。そして「herd」(ハード)は、牛やゾウの群れを言い表すことばである。ちなみに魚の群れには「学校」を意味する「school」(スクール)という単語を用いる。童謡『めだかの学校』は、英単語の意味的に合致した「学校」なのだ。

湖の上も滑空できる
「那須りんどう湖LAKE VIEW」

この「flock / herd」の他「fur / wool」と「cow/ox」のメス牛の撮影でもご協力いただいたのが、栃木県那須高原にある「那須りんどう湖LAKE VIEW」。園内には、牛や羊などと触れ合える牧場のほかにも、チーズ作りなどができる体験施設も充実。また「りんどう湖」の上をワイヤーで滑空する「ジップライン～KAKKU～」なる迫力満点の乗り物もあり、家族みんなで楽しめる一大レジャースポットです。

frog

toad

frog ＝ カエル

ヒキガエル ＝ toad

英語で「カエル」は「frog」（フロッグ）だが、ヒキガエルだけは特別に「toad」（トード）と呼ばれる。ヒキガエルはガマガエルとも呼ばれ、大きな体であまり跳ねず、背中にあるイボから毒を出すのが特徴。こういった容貌から西洋では醜いものの象徴とされ、特別に呼び名が違うのかもしれない。物語にもたびたび登場しており、アンデルセン童話の『親指姫』で親指姫をさらうのもtoadである。

『ふたりはともだち』は「Frog and Toad」

frog と toad が登場する物語として有名なのが、アメリカの絵本作家アーノルド・ローベルの『ふたりはともだち』。原題は『Frog and Toad Are Friends』でシリーズ化もされており、日本では小学校の教科書にも取り上げられている。frogの「かえるくん」とtoadの「がまくん」の交流を描いた作品で、とぼけた「がまくん」を「かえるくん」が懸命に励ましたりする姿が微笑ましい温かな作品。何かと醜い役が多いtoadですが、この作品の「がまくん」は実に可愛らしいのです。

fur

wool

fur = ウサギなどの柔らかい毛

羊などの縮れた毛 = wool

動物の毛も、その種類に応じて英語の表現が異なる。柔らかい毛皮の総称でもある「fur」(ファー)は、ウサギやクマなどの柔らかい毛も指すことば。そして「wool」(ウール)は、羊などの縮れた毛を指すことばである。woolがとくに暖かいのは、この縮れがたくさんの空気を含んでいるからだという。なお豚の硬い毛は「bristle」(ブリスル)と呼ばれ、これは人間の硬いヒゲも言い表す。

アルパカの毛もwool

woolは羊の毛だけでなく、ヤギやラマ、そしてこのアルパカなどの毛も指す。日本ではCMに起用されるなどして人気のアルパカだが、主な生息地である南米のアンデス地方では、もっぱら毛を刈り取って利用するために飼われている。毛を刈ったアルパカの体は想像以上に細く、インターネットで「アルパカ 毛なし」と画像検索すると、とても面白い映像が見られますので一度ご覧ください。きっと大笑いしますよ。

garden

yard

garden = 花を植えた庭

芝生を植えた庭 = yard

「庭」を意味する英単語には、「garden」(ガーデン)と「yard」(ヤード)の２つがある。gardenは、家の周囲にある花や草木が植えられた庭のこと。一方、yardは芝生を植えた家の周囲の庭で、舗装された部分も指す。ただ、この解釈はアメリカのもので、イギリスでは花壇や芝生の部分がgardenで、yardは舗装された裏庭を指すのが一般的だという。

素晴らしい「庭」が楽しめる「山手111番館 カフェ・ザ・ローズ」

取材にご協力いただいたのは、横浜にある「山手111番館 カフェ・ザ・ローズ」。1926年に建てられた洋館の「山手111番館」の一部をカフェとして利用しているのが「カフェ・ザ・ローズ」で、カフェとして利用されていない部分も見学可能。「ローズ」と冠しているように、毎年5月と10月には、見事なバラを見ることができる。晴れた日には、素敵なgardenを望むテラスで食事やお茶を楽しむこともできますよ。

gift

present

gift = 儀礼的な贈り物

手作りも含む贈り物全般 = present

「贈り物」という意味でよく知られた「gift」（ギフト）と「present」（プレゼント）には、こんな違いがある。まずgiftは「儀礼的な贈り物」という意味があることば。日本でいえば、お中元やお歳暮、写真のような入学祝いや出産祝いなどが、これに該当する。一方、presentはギフトより意味する範囲が広く、家族間のちょっとした贈り物にも用いることば。なおgiftは「生まれながらの才能」も意味しており、ここには「才能は神様からの贈り物」という意識が見てとれる。またgiftには「施し物」という意味合いがあり「冷たさ」を感じるので、presentが使われるケースが多いという。

お年玉は
アジアだけの習慣？

お年玉というのは、主にアジアにおける習慣でアメリカや欧米にはないという。それでもこれを英語にすれば「New Year's gift money」となるだろう。なお、「ギフトカード」というのは和製英語で海外では通じないが、日本ではほぼ「金券」を意味している。ちなみに写真は折り紙で作ったポチ袋です。

grill

roast

grill = 網で焼くこと

直火やオーブンで焼くこと = roast

英語は「焼く」という表現が豊富である。写真のように網で焼くことは「grill」（グリル）で、直火やオーブンで焼くことは「roast」（ロースト）という。食パンなどをこんがり焼くのは「toast」（トースト）で、油で炒めたり揚げることは「fry」（フライ）である。なお「焼き鳥」は「grilled chicken skewered on a bamboo stick」と説明される。この表現からは、とにかく「串に刺さっている」ことを重視しているのがわかる。

七面鳥も焼いてみました

英語では「率直に話す」ことを「talk turkey」というなど、特にアメリカ人にとって七面鳥は馴染み深い鳥。しかし個人的に未体験で、どんな味なのか食べてみようと東京は広尾に出向いてみました。ここには各国の大使館が多い土地柄ゆえ、お客さんの半数以上が外国人という超高級スーパーがあるのです。お目当ての七面鳥のお肉も色々あり、とりあえず100g380円のターキーブレストハムを購入して焼いて食べてみました。お味は脂身が少なくさっぱりと美味ですが、少しお高いですかね。なんでも七面鳥が日本であまり飼育されないのは、身体が大きく丸ごと入れられるようなオーブンが各家庭に普及していないという問題もあるそうです。

high

tall

high = 位置が高い

背が高い = tall

同じ「高い」という意味の「high」(ハイ)と「tall」(トール)を使い分けるポイントは、「tallは人や建物がすらりと高いこと」と認識することだろう。これに対してhighは、「high level」(ハイ　レベル／高いレベル)といったりするように質や程度、あるいは位置などが高いことを表す。写真のように、飛行機が高い位置にいるのはhighを使い、塔がすらりと高いことはtallというわけだ。なおhighは高さだけでなく横幅もある巨大な物質も表すので、「高い山」は「a high mountain」となる。

なぜ炭酸割りが「high ball」なのか？

ウイスキーのソーダ割りのことを、なぜ「high ball」（ハイボール）と呼ぶのかには、諸説あるが、そのひとつはスコットランドのゴルフ場が舞台のお話。ある客がクラブハウスで当時はまだ珍しかったウイスキーのソーダ割りを「これは何という飲み物か？」とマスターに尋ねたところ、偶然、高いボールが飛んで来て「high ball!」と叫んだという何だか出来過ぎた逸話である。個人的には「立ち上るソーダの泡をボールに見立てた」というシンプルな説が、有力な気がします。

insect

worm

insect = 昆虫一般

ニョロニョロしている虫 = worm

日本語と英語では、「虫」の概念が少し異なっている。日本語では、チョウと毛虫は同じ「虫」ということばで表現できるが、英語ではこの2つは完全に区別されている。広く虫を指す英単語は「insect」（インセクト）。ただし、ここにはニョロニョロして脚のない毛虫やミミズは含まれず、これらは「worm」（ワーム）と呼ばれる。同じ虫を指すことばに「bug」（バグ）もあるが、これは小さい虫の総称で「ぶんぶん」とうるさい感じをも意味する。動詞にして「Don't bug me.」とすれば「邪魔するな」とか「マジむかつく」という意味になる。

なぜてんとう虫には「lady」が付くのか？

欧米では幸運の昆虫といえば「てんとう虫」だ。そのてんとう虫は、アメリカでは「lady bug」（レディバグ）、イギリスでは「lady bird」（レディバード）と呼ばれるが、このladyとは聖母マリアを指している。「聖母マリアが赤いマントと共に描かれることが多く、これがてんとう虫を連想させたため」というのがその理由のようだが、これにより西欧では「てんとう虫がとまると幸せになる」と言い伝えられ、アクセサリーやお菓子、雑貨のモチーフとして人気があるそうです。

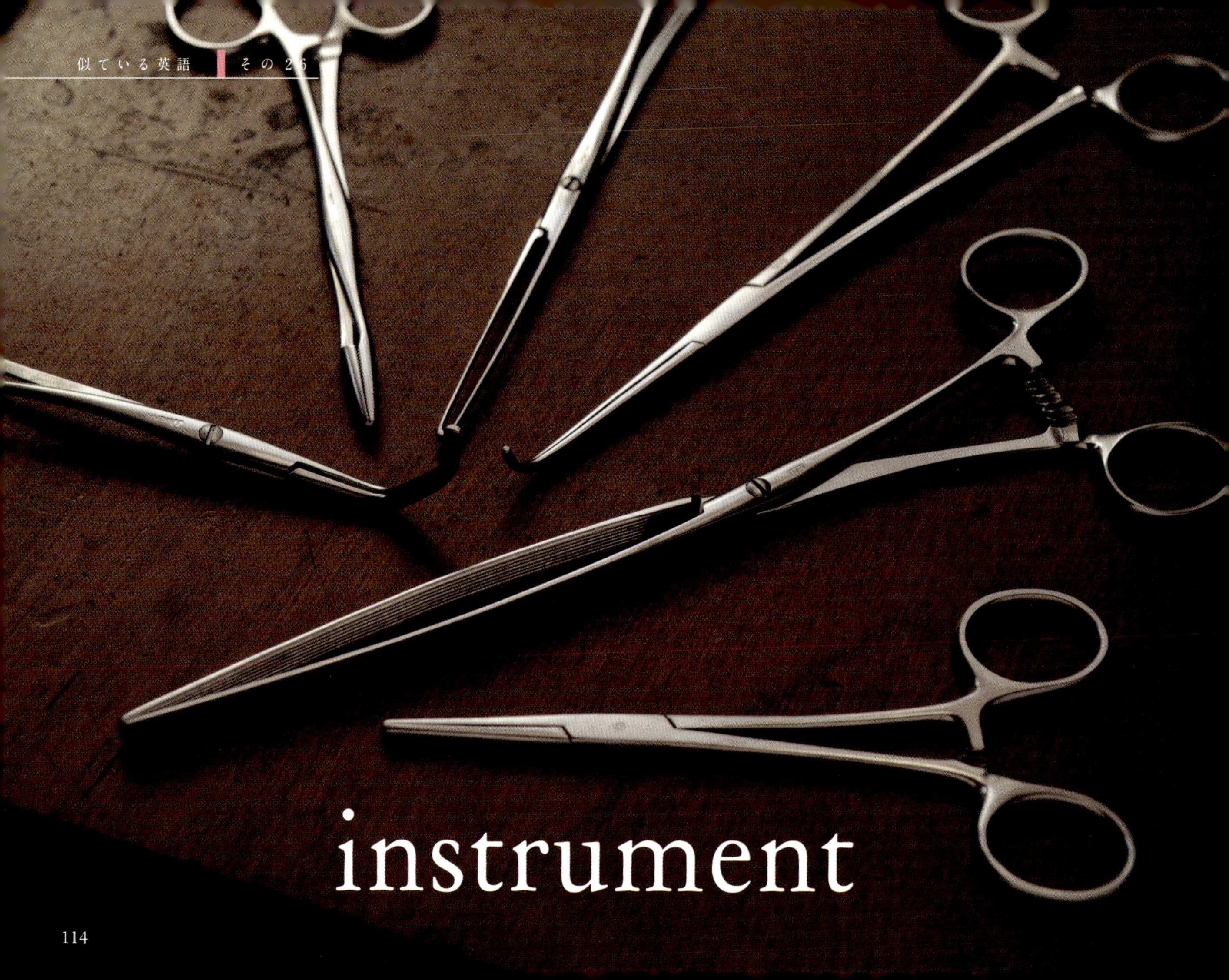

instrument

tool

instrument ＝ 精密な作業を行う道具

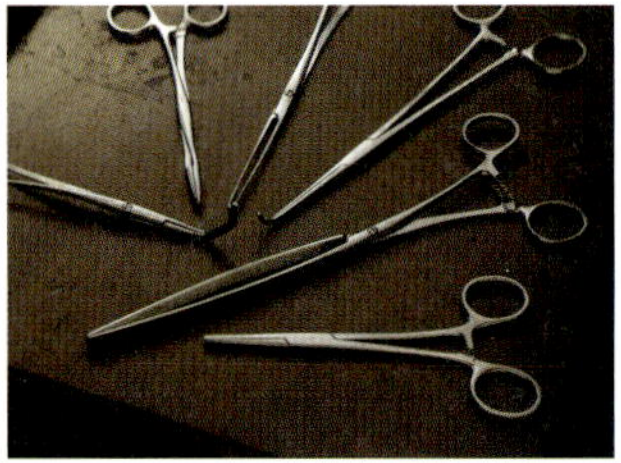

単純な作業を行う道具 ＝ tool

「道具」ということばは、その性質によって英単語が異なり、ハンマーなど単純な作業を行なう道具には「tool」（トゥール）を、医療器具や実験道具など精密な作業を行なう道具には「instrument」（インストゥルメント）を用いる。写真のinstrumentは、医療器具の「鉗子」（かんし）。手術や治療のとき引っ張ったり掴むのに用いる道具で、目的に応じて幾多の種類がある。

日本の医療を支える「鋼製小物」の世界

取材にご協力いただいたのは鉗子の専門職人である角田陽一さん。職人歴45年という角田さんが作る鉗子は、海外の安価なものと異なり「しなり」があって、日本の医療現場で長年愛用されているという。この鉗子などの医療器具は「鋼製小物」と呼ばれ、日本でも多くの職人が携わっていたが、今では高齢化も進み跡を継ぐ人も少ないという。しかしながら鉗子を扱う「大祐医科工業株式会社」などは、日本の医療を支えてきた鋼製技術を守ろうと様々な活動をされておられます。

「コーヒーいただけますか?」で覚える円周率

～英語の不思議なことば遊び～

突然ですが、このフレーズの意味するところがわかりますか?

「May I have a large container of coffee ?」

直訳すれば「コーヒーを大きい器で1杯いただけますか?」ってことなのですが、これは英語流の「円周率の覚え方」なんです。と、説明されてすぐにわかった人はかなり鋭い。多くの人は、これでどうやって円周率を覚えるのかわからないでしょう。

答えをいうと、Mayはアルファベット3文字で「3」。Iはアルファベット1文字で「1」。haveはアルファベット4文字で「4」……を意味しています。つまりこのフレーズで「3.1415926」を表しているというわけ。

率直にいえば、あまり便利とも思えない不思議な覚え方なのですが、0を10文字で表現しつつ740桁に及ぶ文章を作った人もいるそうですから、それなりにポピュラーな手法なのでしょう。

もうひとつ「不思議だな」と感じたものに「リポグラム」ということば遊びがあります。これは、特定のアルファベットを使わないというルールのもとに文章を作るというもの。もっとも有名なのは、アメリカの作家アーネスト・ヴィンセント・ライトが書いた『ギャズビー』という小説で、アルファベットでもっとも使用頻度が高いという「e」を、物語を構成する5万にも及ぶ単語に一字たりとも用いていないといいます。

ただ、どれほどスゴいのか、今ひとつわかりにくい。そこで、同じようなことを日本でもやっている人はいないかと探したところ筒井康隆さんの『残像に口紅を』（中公文庫）という小説に出会いました。

これは「リポグラム」のように、特定のことばを使わないのではなく、物語が進行するにつれて「使えることば」がどんどん減っていくという小説です。《言語が消滅してゆく世界で、執筆し、飲食し、講演し、交情する小説家…ついに書かれた究極の実験的長篇》。これは単行本に添えられた帯のコピーですが、このように主人公は一人の小説家。「あ」ということばが消えたなら、「あ」のつくモノや人が消えるだけでなく、文中に「あ」ということばを使うこともできなくなるのです。正直、物語が面白いというよりも「よくこんなことに挑戦したな」という驚きのほうが強いのですが、他に類を見ないことだけは保証しますので、気になる方は一度手にとってみてください。ちなみにこの小説で、いちばん最後に消えた文字は何だと思いますか？

『残像に口紅を』（筒井康隆／中央公論新社）。「あ」ということばが消失すると、作中にある「あ」の付くモノや人が消えるだけでなく「あ」ということばが文中で使えなくなるという究極の実験的小説。消したことばが、後で使われなかったかなどを調べた文庫巻末の「調査報告」も必見です。

語尾に「y」を付けると「赤ちゃん英語」

「『bunny』(バニー)と『rabbit』(ラビット)って、何が違うの?」

本書を作っている最中、こんな閃きを得ました。「ウサギの格好をしたお姉さんをバニーガール」というわけですから、bunnyはウサギでしょう。当然、ラビットもウサギなわけで、この違いを写真に撮ればいいのでは!と意気込んだのですが、すぐに無理だと判明しました。というのは、この bunny というのは「赤ちゃんことば」だったのです。

日本での bunny は、赤ちゃんよりもおじさんと親和性が高いのに、赤ちゃん語だったとはこれまた意外なこと。そう思って「赤ちゃん英語」を調べてみると「二大法則」とも呼ぶべきものがあったのでご紹介します。

「赤ちゃん英語の法則 その1」は「語尾に y を付ける」です。

「dad (お父さん) は daddy」「mom (お母さん) は mommy」「dog (イヌ) は doggy」

このあたりの英単語は耳にしたことがあると思いますが、これらは赤ちゃんことばだったのです

写真の左が羊の群れ。写真の右がヤギの群れ。ヤギは「メェ～」で羊は「ベェ～」というのが基本的な鳴き方だと思いますが、そうはっきり鳴くケースばかりではなく、意外と聞き分けるのは難しい。ちなみに英語で子どものヤギは「kid」（キッド）といい、これは人間の子どもを意味するのと同じ単語なのです。

ね。その他「bird（鳥）はbirdy」「horse（馬）はhorsy」「fish（魚）はfishy」「frog（カエル）はfroggy」などと言います。魚やカエルも赤ちゃん語にしてしまう「y」の力、恐るべし。「～y」は「～ちゃん」くらいに思っておけばいいかもしれません。「赤ちゃん英語の法則 その2」は「繰り返す」です。日本語でもクルマを「ブーブー」というなど、同じ語を2つ重ねると赤ちゃん語っぽくなりますが、それと同じです。「おしっこはpee-pee」「うんちはpoo-poo」「水はwa-wa」「おやすみなさいはnight-night」などなど。また、動物などは鳴き声を重ねて「牛はmoo-moo」「羊はbaa-baa」というのです。と、書いてみて不思議に思うのは、羊の鳴き声は「baa-baa」でいいのか、ということ。羊は「メェ～」じゃないのと思って牧場で聞いてみると、それはヤギでした。羊は「ベー」と聞こえるので「baa-baa」なんでしょうね。

危ないものには特別な名前を付ける

～まだある「似ている英語」②～

似ている英語が生まれる背景のひとつに「危ないものには特別な名前を付ける」という法則があります。

たとえばヘビは「snake」(スネーク)ですが、毒蛇は特別に「viper」(ヴァイパー)と呼ぶ。また一般的な蜂は「bee」(ビー)ですが、スズメバチは「hornet」(ホーネット)と呼ばれる。

「海のギャング」と呼ばれるシャチには、「grampus」(グランパス)という英単語があるものの「killer whale」(キラーホエール)と呼ばれることのほうが一般的だそうです。

毒キノコにも独自のことばがあります。英語でキノコは「mushroom」(マッシュルーム)といいます。これは日本人が想像するマッシュルームではなくキノコ全般を指すことばで、シメジは「shimeji mushroom」でエリンギは「eringi mushroom」とキノコを意味する独自の単語は数少ない。そんななか一般の辞書にも載っているのが毒キノコを意味する「toadstool」(トードストゥール)。このtoadstoolは本書で取り上げている「toad」(ヒキガエル)と「stool」(背もたれのないイス)を足したことば。つまり英語の毒キノコは「ヒキガエルの腰掛け」という意味なのです。

似ている英語

Part.3

key / lock ～ tree / wood

key

lock

key ＝ 鍵

錠 ＝ lock

広く知られている英単語の「key」（キー）と「lock」（ロック）だが、なんとなくどちらも「カギ」という意味で使っているのではないだろうか。しかし、ここにも明確な違いがあってkeyは「鍵」を、lockは「錠」を意味している。つまり、lockをあけるのがkeyだ。念のため補足すると、鍵とは、持ち歩いて錠に差し込むもの。錠とは閂（かんぬき）とそれを操作するための部品で扉や引き出しに取り付けられているもののこと。なお「錠前」ということばがあるが、これは鍵と錠のセットを意味するという説があり、英語にはこの「錠前」を意味する「lockset」ということばもある。

古き良きものに囲まれる「アンティークスカフェ」

取材にご協力いただいたのは、東京·阿佐ヶ谷にある「アンティークスカフェ」。店内には、店主・中川隆二さんが集めたバイク用品やスーツケース、鍵にキーホルダーなどが並んでいて、まるでオモチャ箱の中にいるような雰囲気。なんでも機能美のあるビンテージ品がお好みで、フリーマーケットなどで買い求めているうちにこうなったのだとか。趣味全開の素敵な空間には、貴重なプラモやアニメグッズも揃っていますよ。

laugh

smile

laugh ＝ 声を出して笑う

にっこり微笑む ＝ smile

「笑う」を意味する「laugh」（ラフ）と「smile」（スマイル）は、前者は「声を出して笑う」ときに、後者は「にっこり微笑む」ときに用いる。日本では写真を撮るとき、笑顔になるように「ハイチーズ」と撮影するが、これを英語では「Say Cheese！」という。つまり英語でも同じ意味のことばを用いているわけで、そもそもこれは英語圏から日本に輸入されたものなのだ。なお、日本語には「(笑)」という表現があるが、英語でこれに相当するのが「lol」。これは「laughing out loud」（ラフィングアウト ラウド／大声で笑う）の頭文字をとったものである。

不思議なジェスチャー「エアクオート」とは？

日本人が「あれは何？」と不思議に思うジェスチャーに「エアクオート」がある。これは主にアメリカで多用されている「両手のピースをクイクイと曲げる」仕草で、話しことばに“ ”を付ける効果がある。主に、皮肉や疑問、嫌味を意味する単語に用いるのだが、たとえば彼女を付け回している男が「偶然、彼女の家の前で会った」と伝え聞いたとする。こんなとき「偶然会ったんだって」と言いながら、偶然を意味する「accidentally」を発するときに、両方の指をクイクイとやるわけです。

little

small

little ＝ 小さくてかわいいもの

他と比べて小さいもの ＝ small

「小さい」という意味の「little」（リトル）と「small」（スモール）を使い分けるポイントは、比べる対象の有無にある。他と比べることなく、小さくかわいいと感じるものは「little」。対して、他と比べて小さいものが「small」だ。つまり小さい女の子に胸キュンしたときは「little girl」というが、「small girl」とはいわない。「little」は主観的で「small」は客観的ともいえるだろう。なお「tiny little」と「tiny」（タイニィ）を付けると、小ささやかわいらしさを強調することができる。

たくさんのマトリョーシカに出会える「GINZA HAKKO 木の香」

取材にご協力いただいたのは、多種多様な木工製品を取り扱う「GINZA HAKKO 木の香」。お店には世界の木工芸品が揃い、地下では様々なワークショップや企画展示が催されている。写真のマトリョーシカは、こちらのお店オリジナルの「和風マトリョーシカ５個型」で、文字通り５体で構成されている。つまり写真の４体以外にもう１体あるのです。どんな「little girl」が入っているのか実際に訪れて見てくださいね。東京の銀座７丁目にあります。

lobster

shrimp

lobster ＝ 大きいエビ

小さいエビ ＝ shrimp

日本語では「エビ」と一語で表現するものを、英語ではサイズによって3つのことばを使い分けている。まず伊勢エビなどの大きいものは「lobster」（ロブスター）。桜エビなどの小さなエビを「shrimp」（シュリンプ）。そして車エビなどlobsterとshrimpの間のサイズのエビは「prawn」（プローン）と呼ぶ。小エビの甘エビは「a sweet shrimp」で、車エビがよく用いられるエビフライは「a fried prawn」と表記されるのが一般的だ。

「車輪」に見えるから車エビ

車エビの名前の由来は、エビが腹を丸めると、体にある黒い縞模様が車輪のように見えるから。ちなみに車エビは、殻も焼けば食べられ、丸々一匹捨てるところなくいただける。築地で買ったところ3尾で1000円でしたが、これはかなりコストパフォーマンスいいと思います。それに比べて伊勢エビはなんと1尾9000円。刺身はもちろん美味しいけれど、そんなにたくさん身があるわけでもないので、希少性とその縁起物的な価値が価格にプラスされているんですね。

many

much

many = たくさんの「数えられる」もの

たくさんの「数えられない」もの = much

どちらも「数が多い」ということを意味する「many」（メニィ）と「much」（マッチ）は数えられる名詞（可算名詞）か、数えられない名詞（不可算名詞）かで使い分ける。写真の場合、たくさんのおにぎりは数えられる名詞なのでmany。一方、たくさんのお米は数えられないのでmuchを使う。この他、数えられない名詞には、water（ウォーター／水）やsugar（シュガー／砂糖）、bread（ブレッド／パン）、paper（ペイパー／紙）、cheese（チーズ）などがある。パンや紙やチーズは、数えられそうにも思うが「切り分けても大丈夫なもの」は数えられない名詞となる。

英語では
稲もお米もご飯も「rice」

今回、この本を書くうえでもっとも驚いたのが「英語では稲もお米もご飯もrice」という事実でした。日本人なら「それ一緒でいいの？」と思うでしょうが、一緒でいいのが英語の文化圏なのです。英語圏の人はrice一語で稲もお米もご飯も言い表す。一方、日本人は、雄牛も雌牛も子牛も「牛」の一語で言い表す。英語を学ぶうえで、こういった文化の違いをまず念頭においておくことは、とても大切なことだと思うのです。

mouse

rat

mouse = 小さいハツカネズミ

大きいドブネズミ = rat

「ネズミ」を意味する英単語の「mouse」（マウス）と「rat」（ラット）は、その大きさで区別されると思われがち。実際、小さいネズミがmouseで大きなネズミはratなのだが、正確にはmouseはハツカネズミでratはクマネズミやドブネズミという種類によって分けられる。写真のmouseはハツカネズミで、ratはダイコクネズミ。ダイコクネズミというのは、ドブネズミを人間が飼えるように改良したものなのでこれもratである。なお、いくつかの辞書には「mouseはネコが狩り、ratはイヌが狩る」と説明されている。

ラットの綱渡りが見られます

写真のmouseとratは「横浜市立野毛山動物園」のもの。ratたちはご覧のような綱渡りも見せてくれる。ratはおよそ20匹、mouseはおよそ300匹おり、両者ともに同じ餌を食べているという。飼育員さんによれば「ラットのほうが少し賢いかな？」ということでした。

over easy egg

sunny-side up

over easy egg = 両面焼いた目玉焼き

片面焼いた目玉焼き = sunny-side up

英語には、目玉焼きの焼き方にも独自の表現がある。写真のように両面焼きは「over easy egg」(オーバーイージーエッグ)。一方、片面焼きは「sunny-side up」(サニーサイドアップ)という。このover easyというのは「turn over easy」を略したもので、両面焼きを「turn over」(ターンオーバー)と記憶している人もいるが、一般的にはそうは略さない。easyは「軽く焼くこと」を意味しており、しっかり焼く場合は「over hard」という。

目玉焼きの焼き方は「卵への信頼度」で変わる？

今回、初めて両面焼きを作ってみたのですが、正直、何がいいんだかよくわかりませんでした。見た目もよくないし、黄身が固くて味気ない。そこでインターネットを使って「両面焼きは何がいいの？」と聞いてみると、そもそも半熟の黄身が好きじゃない人が想像以上にいるんですね。また海外ではそういう人の方が多く、生卵を食べる習慣のない中国でも目玉焼きといえば両面焼きのほうが一般的なのだとか。アメリカは卵の賞味期限が1カ月以上あり、生食への抵抗感がかなりあるので、しっかり焼いて食べたい人が多いんだそうです。

road

street

CHANEL
教文館
SINCE 1885
山野楽器
中央区
銀座四丁目
Ginza 4
Ermenegildo Zegna
LIXIL
MATSUYA GINZA
三菱東京UFJ銀行

road ＝ 町から町をつなぐ道

両側に店が並ぶ賑やかな道 ＝ street

「road」(ロード)と「street」(ストリート)は、共に「道」を意味するが、言い表すものは少し異なる。まず、streetが意味するのは両側に店が並ぶような賑やかな道だ。これに対してroadが意味するのは、町から町をつなぐような道。日本語でいえば街道などはroadだ。また「avenue」(アベニュー)は、大都市の大通りを意味する。なおニューヨーク市などでは、南北の通りをavenue、東西の通りをstreetと呼んでいる。

なぜ消防車は「fire engine」なのか？

東京には、英語の名前が付けられた道がいくつかあるが、そのひとつが渋谷にある「ファイアー通り」。これは消防署があるために付けられた愛称が、いつの間にか広まったものだという。この消防署にある車といえば「消防車」ですが、これをイギリスでは「fire engine」（ファイヤーエンジン）と表現するのをご存知でしょうか。なぜ「fire car」ではなく「engine」なのか。大いに不思議ですが、英語では消防車の「車」としての機能ではなく「消火装置」の要素をクローズアップしており、この装置を「engine」と呼んでいるようです。

shake

swing

shake = 前後に振る

支点を中心に振る = swing

「振る」ということばは、その動き方によって異なる英単語が用いられる。写真のシェイカーのように前後に振り動かすことは「shake」（シェイク）。一方、写真のバースプーンのように、支点（手）を中心に振り動かすことは「swing」（スウィング）である。プロレス技に「ジャイアントスウィング」という相手の両足を持ってグルグル回る技があるが、あれなどまさに支点を中心に振るswingなのだ。なお写真のswingの動作は、バーでは通常「stir」（ステア）と呼ばれるが、これは「スプーンなどで液体をかき回す」という意味の単語である。

「BAR CIELO」の優しいマンハッタン

撮影にご協力いただいたのは、東京都世田谷区三軒茶屋にある「BAR CIELO（チェロ）」のオーナーバーテンダー・稗田（ひえだ）浩之さん。写真は、稗田さんが作ったマンハッタンである。氷と共にウイスキーとベルモットというフレーバードワインをステア（バースプーンをswing）して作るのだが、音も立てず氷を押し動かす技術が実に見事。こうして作られたマンハッタンは、優しい飲み口なのにキリッとしていて大変美味です。本格的なカクテルが味わえるBARの下フロアはバルになっていて、異なる楽しみ方ができる名店です。

suitcase

trunk

suitcase ＝ 1人で持つ大型カバン

2人で持つ大型カバン ＝ trunk

大きなカバンといえば「suitcase」（スーツケース）と「trunk」（トランク）の2語が思い浮かぶだろうが、何がこの両者を分けるのだろうか。一般的には、suitcaseよりも大きなものがtrunkとされているが、より明確な基準がある。それが取っ手の位置と数である。suitcaseとは、1人で持つものであるため取っ手が中央部にひとつ。これに対してtrunkとは、2人で持つものであるため、取っ手がカバンの両サイドにあるのだ。船旅の時代、大きなカバンといえばtrunkだったが、飛行機が登場し無料で預けられる荷物の大きさが規定され、それに沿う形でsuitcaseが作られるようになった。trunkというのはいわば前時代のものであり、現代において作られることは、ほぼないという。

歴史あるカバンが一堂に集合
「世界のカバン博物館」

撮影にご協力いただいたのは、東京·浅草にある「世界のカバン博物館」。撮影したsuitcaseとtrunkは共にフランス製で、前者は20世紀半ば頃のもの、後者は19世紀後半のものだという。このような貴重なカバンが世界41カ国から270点以上収集・展示してあり、なかには一流スポーツ選手をはじめとする著名人から寄贈されたものもある。広く公開されたカバンの博物館というのは、世界でここだけという実に貴重な場所。展示フロアの上には、見晴らしのよいロビーもあるので、浅草観光のついでにぜひお立ち寄りください。

tortoise

turtle

tortoise = リクガメ

ウミガメ = turtle

日本語では『ウサギとカメ』でウサギと競走するのも、『浦島太郎』で竜宮城に連れて行ってくれるのも同じ「カメ」。しかし英語では、リクガメは「tortoise」(トータス)、ウミガメは「turtle」(タートル)と、この両者には異なる単語を用いている。ロックバンド・ウルフルズのトータス松本さんは「リクガメ」にその名前が由来し、セーターのタートルネックは「ウミガメ」の首の形に由来しているわけだ。写真のtortoiseは、横浜市立野毛山動物園で撮影した乾燥した低木や林に生息するホウシャガメ。一方turtleは、葛西臨海水族園で撮影した日本近海で見られるウミガメの一種タイマイである。

動物たちと触れ合える「横浜市立野毛山動物園」

この「tortoise／turtle」だけでなく「cock／hen」と「mouse／rat」の撮影でもご協力いただいたのが、「横浜市立野毛山動物園」。「小さな子どもが初めて動物に出会い、ふれあい、命を感じる動物園」というコンセプトを掲げており、ラットやマウス、ニワトリなどと触れ合うことができる。「図書館と同じく動物園も学びの場であるのだから無料であるべし」という、当時の市長の考えが今でも引き継がれているため、驚くことに入園無料。近くに住みたいと思うほどに素晴らしい動物園でした。

tree

wood

tree = 木

材木 = wood

似ている英語の「tree」(ツリー)と「wood」(ウッド)だが、treeが生えている木を、woodは素材としての木材・材木を表しており、その意味は少し異なる。この生きているものが素材になると単語が変わるというのは、肉の表現にも散見される。英語では、ブタは「pig」(ピッグ)だが、豚肉は「pork」(ポーク)。肉用に去勢されたオスのウシは「ox」(オックス)だが、牛肉になれば「beef」(ビーフ)。羊も生きているときは「sheep」(シープ)だが、子羊の肉は「lamb」(ラム)で、成長した羊肉は「mutton」(マトン)となる。

木は「捨てるところ」がありません

取材にご協力いただいたのは、栃木県那須塩原市にある「二宮木材株式会社」。杉を専門にした製材会社で、１万坪もの広大な敷地に建てられた製材工場には、たくさんの丸太が並んでいました。なお「木は捨てるところがない」とのことで、加工の過程で出る皮やおがくずは、燃料にしたり牧場で使ってもらったりといっさい無駄にしないそうです。

文・おかべたかし

本書は『目でみることば』シリーズの第5作目ということになります。

シリーズ第1作目は『目でみることば』。「『引っ張りだこ』っていうけれど、それはどんなタコ?」なんて疑問を出発点に、ことばの元となった姿を撮りに全国に赴くという企画で、大変好評をいただきました。このいわば「語源探索ネタ」が、今まで『目でみることば 2』『目でみることば 有頂天』と計3冊出ています。

このシリーズを作る過程で「似ていることばの姿を写真に撮って見比べたら面白いのでは?」と思い刊行したのが『似ていることば』です。こちらも好評をいただき、本作『似ている英語』の出版へとつながりました。本書を初めてご覧いただき気に入っていただけましたら、是非、過去のシリーズもご覧くださいませ。

最後に御礼を。本作も多くの方々に撮影協力をいただきました。改めて御礼申し上げます。また、カメラマンのやまでさん、デザイナーの佐藤美幸さん、東京書籍の藤田六郎さんには、これからもよろしくお願いしますという気持ちと感謝を送りたいと思います。それと、たくさんおにぎりを握ってくれ、テントウムシも捕まえてくれた奥さん、どうもありがとう。

写真・やまでたかし

浦安方面で活躍する「彼」は名前の通り「mouse」だな。でも料理上手の「レミー」と息子が学芸会でやった「アナトール」は「rat」っぽい。トムの相棒「ジェリー」はどっちだ、と調べたところ彼の正式名は『Jerry Mouse』とあったので「mouse」か。『ぐりとぐら』は、なんとなく「rat」っぽいなぁ――。本作は、慣れない英語がテーマということで、こんなことばかり考えていました。

『似ていることば』が好評をいただきき、こうして『似ている英語』を出すことができました。普段使わない英語なので、前回以上に丁寧に違いを探しながらの撮影になりました。ページをめくりながら、2つの英語の違いを楽しんで頂ければ嬉しく思います。なお「lobster/shrimp」「grill/roast」などで使用しました食材はスタッフで美味しく頂きました（big smile）。

今回も知恵を絞りながら、共に撮影に挑んでくれた、おかべさんに感謝。毎回、辛抱強く仕上がりを待って下さる東京書籍の藤田六郎さんにも、美しく仕上げて下さるデザイナーの佐藤さんにも、撮影で協力して下さった皆様にも感謝申し上げます。

撮影協力 ＊敬称略

アンティークスカフェ
イリヤプラスカフェ@カスタム倉庫
おかべかなこ
葛西臨海水族園
株式会社オビツ製作所
株式会社 CANDY・A・GO・GO
株式会社前田牧場
株式会社マップハウス
かめがや時計店
GINZA HAKKO 木の香
世界のカバン博物館
大祐医科工業株式会社
角田陽一
東京製旗株式会社
東京都恩賜上野動物園
那須りんどう湖 LAKE VIEW
二宮木材株式会社
BAR CIELO
ビーズ株式会社
山手111番館 カフェ・ザ・ローズ
横浜市立野毛山動物園
ROCCO'S NEWYORK STYLE PIZZA

主要参考文献

『ウィズダム英和・和英辞典２』
（iPhone アプリ／物書堂）

『英語類語使い分け辞典』
（現代英語研究会・編／創拓社出版）

『英語類語用法辞典』
（河上道生・監修／丸井晃二朗・著／大修館書店）

『絵で見てイメージ！ 前置詞がスッキリわかる本』
（WIT HOUSE 編／永岡書店）

『角川類語新辞典』
（iPhone アプリ／物書堂）

『広辞苑（第四版）』
（岩波書店）

『コーパス英語類語使い分け２００』
（投野由紀夫・編／小学館）

『大辞林』
（iPhone アプリ／物書堂）

『はじめてのチェス』
（権田源太郎／中央公論事業出版）

『ホントにわかって使ってる!? 日本人のテキト～な英語』
（デイビッド・セイン・著／大和書房）

『ネイティブが許せない 日本人がかならず間違える英語』
（ジェームス・M・バーダマン・著／中経の文庫）

『類似英語使い分け辞典』
（稗島一郎・編／東京堂出版）

おかべたかし

（岡部敬史）

1972年、京都府生まれ。早稲田大学第一文学部卒。出版社勤務後、作家・ライターとして活動。著書に『目でみることば』『目でみることば 2』『目でみることば 有頂天』『似ていることば』（東京書籍）、『赤ちゃんを爆笑させる方法』（学習研究社）、『風雲児たちガイドブック解体新書』（リイド社）などがある。個人ブログ「おかべたかしの編集記」。

やまでたかし

（山出高士）

1970年、三重県生まれ。梅田雅揚氏に師事後、1995年よりフリーランスカメラマン。『散歩の達人』（交通新聞社）、『DIME』（小学館）、『SPA!』（扶桑社）などの雑誌媒体のほか「川崎大師」のポスターも手がける。2007年より小さなスタジオ「ガマスタ」を構え活動中。著書に『目でみることば』『目でみることば 2』『似ていることば』『目でみることば 有頂天』（東京書籍）がある。『人生が変わる！ 特選 昆虫料理50』（木谷美咲、内山昭一・著／山と溪谷社）でも写真を担当。

似《に》ている英語《えいご》

2015年6月1日　第1刷発行
2016年7月4日　第4刷発行

おかべたかし・文

やまでたかし・写真

発行者　千石雅仁
発行所　東京書籍株式会社
〒114-8524 東京都北区堀船2-17-1
03-5390-7531（営業）
03-5390-7500（編集）

デザイン　佐藤美幸（keekuu design labo）
編集協力　(有)SPOON BOOKS

印刷・製本　株式会社リーブルテック

ISBN978-4-487-80952-3 C0081

出版情報　http://www.tokyo-shoseki.co.jp
乱丁・落丁の場合はお取り替えいたします。